CAMPANHAS ECOLÓGICAS PARA UM MUNDO MELHOR

Dados Internacionais de Catalogação na Publicação (CIP)
(Câmara Brasileira do Livro, SP, Brasil)

Neme, Fernando J. P.
   Campanhas ecológicas para um mundo melhor /
Fernando J. P. Neme ; coordenação editorial
Diamantino Fernandes Trindade. -- 1. ed. --
São Paulo : Ícone, 2010. -- (Coleção conhecimento
e vida)

   ISBN 978-85-274-1125-7

   1. Cidadania 2. Desenvolvimento sustentável
3. Ecologia 4. Ecologia humana 5. Educação ambiental
6. Meio ambiente - Preservação I. Trindade,
Diamantino Fernandes. II. Título. III. Série.

10-06568   CDD-304.2

Índices para catálogo sistemático:

1. Campanhas ecológicas : Ecologia social   304.2
2. Conscientização ecológica : Campanhas :
      Ecologia social   304.2

Fernando J. P. Neme

CAMPANHAS ECOLÓGICAS PARA UM MUNDO MELHOR

Coleção Conhecimento e Vida

Coordenação Editorial
Diamantino Fernandes Trindade

1ª Edição
Brasil – 2010

Ícone
editora

© Copyright 2010
Fernando J. P. Neme
Direitos cedidos à Ícone Editora Ltda.

Coleção Conhecimento e Vida

Coordenação Editorial
Diamantino Fernandes Trindade

Capa e Diagramação
Richard Veiga

Revisão
Juliana Biggi

Proibida a reprodução total ou parcial desta obra, de qualquer forma ou meio eletrônico, mecânico, inclusive através de processos xerográficos, sem permissão expressa do editor (Lei nº 9.610/98).

Todos os direitos reservados pela
ÍCONE EDITORA LTDA.
Rua Anhanguera, 56 – Barra Funda
CEP 01135-000 – São Paulo – SP
Tel./Fax.: (11) 3392-7771
www.iconeeditora.com.br
iconevendas@iconeeditora.com.br

*Dedico à minha filha,
na esperança de plantar
uma semente para o futuro.*

Fernando J. P. Neme[1]

---

1. O autor é advogado, agente ambiental certificado, escritor e responsável pela coordenação do *site* www.pramelhor.com.br: Ideias de Ecologia e Sustentabilidade Para Formar Um Mundo Melhor e da Consultoria Pra Melhor Ambiental: Divulgação Educação e Implantação de Projetos Sustentáveis.

ÍNDICE

INTRODUÇÃO, 11

DICAS GERAIS, 13

AS CAMPANHAS, 15
País tropical, **15**
A luz do respeito, **16**
As datas especiais, **16**
Educação no trânsito, **17**
O pedestre é o mestre, **17**
Se liga no pisca-pisca, **18**
Vida em sociedade, **18**
Enalteça o seu vizinho, **18**

Embalagem legal, 19
Não embrulhe, 19
Caixa amiga, 20
Leve a sua caneca, 20
Mais imposto para os produtos descartáveis, 21
Cinco erres (5 r's), 21
Saco cheio, 21
Carretel da economia, 22
Banco de materiais, 22
Chega de atraso, 23
Economia como regra, 23
Use energia de fonte limpa e renovável, 24
Voos da liberdade, 24
Quem faz, cuida!, 25
Reencontros, 25
Salão sustentável, 25
Um artista de verdade, 26
O bom remédio, 26
Área reservada para bicicletas, 27
Você já plantou hoje?, 27
Alimento vivo, 28
Compostagem caseira, 28
Coletores para recicláveis, 28
Aqui tem bandeira verde, 29
Seja consciente, 30
Cada poste uma árvore, 30
Pisos permeáveis, 30
Material de limpeza, 31

Economizando com o refil, 31
No cabo da dignidade, 32
Televisão de qualidade, 32
Canal ambiental, 33
Com todo gás, 33
A fila anda, 34
Vamos simplificar a infância, 34
Incentivando o belo, 35
Campanha da campainha, 35

PENSE A RESPEITO, 36
Um "causo", 44

COMO COMEÇAR, 45
Primeiras medidas, 45
Algumas dicas de avisos para serem colocados em lugares estratégicos, 46
Exemplo de cidadão, 47
Cinco erres (5 R's), 48

ARTIGOS DE ECOLOGIA E SUSTENTABILIDADE, 49
Do individual para o coletivo/Sustentabilidade e Direitos Humanos, 49
Engajamento individual/Responsabilidade ecológica, 51
A verdadeira conferência do clima/Atitude ecológica, 52
Momento de reflexão/O ato de respeitar, 53
Reserva legal/Educação e cidadania, 54
O indivíduo responsável/A renovação necessária, 55

A Questão do lixo/Respeito e cidadania, **56**
Tecnologias modernas/Liberdade ou escravidão?, **57**
A ciência *versus* a ética/Os agrotóxicos, **59**
Fiscalização continuada/Atitude ecológica, **61**
O uso da água/Incentivo à economia, **62**
Conservação de áreas verdes/Manutenção pública, **63**
Reencontrar a natureza/Um sábio caminho, **65**
A revolução da evolução/As redes sociais, **66**
Reconexão, **68**

FAZENDO A DIFERENÇA, 69
Iniciativa, **69**
Por que não?, **74**
Latas coloridas, **77**

1ª Parte

INTRODUÇÃO

A ideia principal destas campanhas é motivar o engajamento individual e a conscientização ecológica da necessidade urgente do desenvolvimento de uma sociedade sustentável. As *Campanhas Ecológicas Para Um Mundo Melhor* serão apresentadas pela sequência: título, frase de chamada e razão, com sua exposição de motivos e filosofia.

A obrigação de estudar, se conscientizar e trabalhar pelo bem comum é individual. A nossa evolução como espécie só será possível com o desenvolvimento da ecologia e sustentabilidade. A hora é agora e o início da história da civilização planetária começa aqui. O consumo desenfreado está matando o planeta. O mercado não tem futuro num mundo inadimplente e somos nós, os consumidores, quem estamos destruindo tudo.

O ponto de partida, na criação de um mundo ecologicamente melhor, depende da nossa inclusão nas diversas redes sociais, comprometidas pela Cultura de Paz, com os Nobres Valores Humanos e pela Preservação da Vida, a ponto de esta mobilização ser capaz de influenciar as políticas governamentais mundiais, principalmente na justa extinção dos excessos de riqueza e pobreza, na erradicação dos preconceitos, na total igualdade dos sexos, pela liberdade de expressão, pela difusão da informação e por uma educação de qualidade para toda a população, com escolas que, além de ensinar os conhecimentos gerais, estão comprometidas na formação ecológica e no desenvolvimento de jovens cidadãos repletos de valores morais, éticos e religiosos, que é a base da construção dos direitos humanos planetários, com respeito à vida e toda a sua diversidade, com intenções claras pela preservação da integridade do planeta às gerações futuras.

O importante nesta leitura é a compreensão da filosofia da preservação aqui proposta. Um desafio intelectual motivado pela combinação da sugestão das ideias com a execução das campanhas. Para o mundo ser sustentável é necessário gente que o sustente.

Vamos iniciar a construção de um mundo melhor? Em nossa casa ou condomínio, na nossa rua, bairro, vila, cidade, estado ou onde quer que seja, se cada um fizer a sua parte todos vão sair ganhando. Participe!

2ª PARTE

DICAS GERAIS

Nossas necessidades são poucas, mas nossas carências aumentam com as nossas posses.

(ditado popular)

A regra de ouro e obrigação de todos é economizar os recursos do planeta, pois são finitos. Diminuir e racionalizar o consumo de água, da energia elétrica e dos combustíveis fósseis. Repensar todas as nossas "necessidades" atuais e constatar que não precisamos de tanto para viver. Priorizar o consumo nas coisas essenciais para a vida e o juiz destas escolhas será a consciência de cada um. Na ignorância, os erros podem até passar desapercebidos, mas depois de conhecido o legado nossas responsabilidades são muito maiores e pesadas.

As dicas de economia são amplamente divulgadas pela mídia em geral e pelas empresas prestadoras de serviços públicos, mas cabe a nós praticá-las. Prefira o uso de energias alternativas, limpas e de fontes renováveis; use o transporte coletivo; ande de bicicleta; peça e dê carona e se organize para fazer o máximo possível das suas tarefas indo a pé. Exija sempre do poder público mais qualidade nos serviços prestados.

Não fique só nas estatísticas e dados populacionais da sua região, mas *faça a diferença* sendo um cidadão engajado e consciente das suas responsabilidades. As pequenas ações locais é que vão fazer toda a diferença no modo de vida global.

3ª PARTE

AS CAMPANHAS

Campanha: PAÍS TROPICAL
Frase: Vamos criar personalidade.
Razão: A unidade da humanidade só é possível com a comunhão das diversidades. Mesclar culturas é uma forma de desenvolvimento humano, mas a imposição de hábitos é uma forma de colonização. A manutenção da riqueza cultural é imprescindível e o desenvolvimento de novos costumes sociais não podem colocar em risco o *habitat* e a saúde em geral. Vamos criar o panetone brasileiro, pouco calórico e mais condizente à nossa realidade. Vamos comemorar também o nosso Dia do Folclore e não somente o Dia das Bruxas.

Campanha: A LUZ DO RESPEITO

Frase: Todo ser vivo deve ser respeitado.

Razão: "Decorar" as árvores com luzes enroladas, espalhadas pela copa ou com refletores pelo chão estressa as plantas e interfere na sua natureza. Holofotes mal colocados, usados para segurança, desgastam as plantas. Os postes de iluminação pública devem estar abaixo da copa das árvores para serem mais eficazes. Devemos mudar nossos grotescos hábitos etnocêntricos de superioridade e falta de respeito em geral a todos os seres vivos, por atos de gerenciamento e perpetuação da vida. O homem, que é tão criativo, por que não usa a sua imaginação desenvolvendo condutas de um ser humano?

Campanha: AS DATAS ESPECIAIS

Frase: Feriados santos e o mercado: vamos separá-los.

Razão: A ganância do mercado criou para si vários dias comemorativos: dos pais, das mães, das crianças, das secretárias, etc. Abusado, infiltrou seu mercantilismo agressivo às datas religiosas. Estes dias santos devem ser usados para reflexão da mensagem e enaltecimento das virtudes e não no desenvolvimento da cultura do consumo, da ganância desde a infância e no fomento da ansiedade.

Campanha: EDUCAÇÃO NO TRÂNSITO

Frase: Mude você que o trânsito melhora. Um problema de cultura nacional.

Razão: Diariamente a imprensa traz dados da triste realidade do trânsito brasileiro. É divulgado que no Brasil o trânsito mata mais gente que as guerras no mundo. Ter educação e cidadania é nosso dever. Nossas ruas, avenidas e estradas devem ser vias seguras de passagem de veículos e pedestres. Todos trafegando em paz. Respeitar a prioridade da moto e da bicicleta. O pedestre é quem manda no trânsito, não é um alvo para ser acertado na faixa de cidadão. Importar-se com o próximo e ser ecologicamente correto. Vamos extinguir a violência que impera e a ignorância que desrespeita o trânsito. Devemos cumprir as normas de trânsito porque é PROIBIDO DESCUMPRIR!

Campanha: O PEDESTRE É O MESTRE

Frase: Você dá preferência ao pedestre?

Razão: Tanto a falta de educação, quanto a inversão de valores no trânsito brasileiro são absurdas. Quanto maior o veículo, mais intimidante no tráfego é seu condutor. Vamos resgatar a ordem: ônibus e caminhões (veículos pesados) respeitam camionetes, furgões e carros de passeio (veículos leves), que respeitam motos, que respeitam bicicletas, mas quem manda é sempre o pedestre. Ter educação, respeito e cidadania, e ser ecologicamente correto.

Campanha: SE LIGA NO PISCA-PISCA
Frase: Ligar o pisca é educado e obrigatório.
Razão: Usar o pisca-pisca do carro é lei, é obrigatório, é questão de sinalização e segurança, além de um ato de educação no trânsito, principalmente porque colabora com a segurança e a tomada de decisão dos pedestres para atravessarem a rua. Com solidariedade e cooperação se forma uma sociedade sustentável.

Campanha: VIDA EM SOCIEDADE
Frase: Vamos nos encontrar pessoalmente!
Razão: As pessoas cada vez mais se trancam e se isolam em redomas herméticas. A raça humana tem o perfil de ser agregada e conviver em sociedade. Hoje as buscas destes relacionamentos estão sendo "supridas" pelos meios virtuais. Todo tipo de relacionamento é válido, mas se encontrar e compartilhar da companhia é muito mais saudável. Vamos promover encontros de amigos periodicamente? Que tal a cada dezenove dias uma "festa"? Vamos nos acostumar com esta ideia?

Campanha: ENALTEÇA O SEU VIZINHO
Frase: Estimule o comércio local.
Razão: Faça suas compras pela vizinhança, vá a pé, estimule o comércio do bairro, os serviços e a amizade no seu território. Ajude a economia solidária e seja um consumidor consciente.

Campanha: EMBALAGEM LEGAL

Frase: Quando for à feira, reuse os sacos plásticos e caixas de ovos. Ajude a economizar embalagem. Todos ganham com esta atitude.

Razão: Além de levar o carrinho e/ou sacola, vamos reutilizar as embalagens plásticas e caixas de ovos. **A embalagem vai e volta**. Com mais economia de embalagens o feirante pode abaixar o preço ou aumentar a quantidade de produtos na bacia. Desamarrando as sacolas com cuidado é possível reutilizá-las em novas compras. É só dobrar e guardar dentro do carrinho ou da sacola, não ocupa espaço na sua casa e não polui indo para o lixo. O meio ambiente agradece e a economia de embalagens pode ajudar a diminuir os preços dos produtos. Adquira o hábito de levar uma bolsa ou sacola às compras em geral e deixe sempre uma à disposição no seu carro.

Campanha: NÃO EMBRULHE

Frase: Para que levar papel e plástico para casa se o importante é o conteúdo?

Razão: Por que cobrir aquilo que é para ser mostrado? Uma grande economia de dinheiro poderá ser feita se mudarmos este hábito de esconder o presente. É pior ainda quando compramos para nós mesmos, tem cabimento embrulhar? Já notaram que quanto mais caro e do tipo chique é o presente, mais quantidade e variedades de materiais como veludo e outros tecidos, folhas de vários tipos de papel, caixas de madeira, sacolas plásticas super resistentes, inúmeros laços, etc é usado para dar aparência de nobre, fino e coisa cara? Nada é de graça e tudo está embutido no preço. Caro mesmo é o tanto de lixo que está poluindo o planeta em que vivemos.

Campanha: CAIXA AMIGA
Frase: Leve uma caixa para trazer as compras de mercado.
Razão: Prefira as caixas de papelão para colocar suas compras de mercado. Traga de volta às compras a caixa usada para transporte. Adquira uma caixa de plástico (existem vários modelos no mercado) para transportar suas compras. Tenha o costume de deixar pelo menos uma caixa no porta-malas do carro. Economizar embalagens em geral é dever de todos, substitua o plástico por produtos de papel e papelão.

Campanha: LEVE A SUA CANECA
Frase: Saiba beber água conservando o meio ambiente.
Razão: Vamos parar de usar copos plásticos em bebedouros. Vamos ter nossa caneca de louça nos ambientes de trabalho. Vamos levar sempre uma garrafinha, cantil, copo ou caneca em nossa bolsa/mochila.

Campanha: MAIS IMPOSTO PARA OS PRODUTOS DESCARTÁVEIS

Frase: Vamos combater um grande vilão.

Razão: O imposto para produtos descartáveis deve ser muito alto. Maior que o incidente para cigarros e bebidas, juntos. Quem faz uso de fumo ou álcool pode se prejudicar e até incomodar alguns de seus pares, mas o uso de produtos descartáveis atinge todo mundo. O planeta não aguenta mais tanta comodidade e lixo produzido.

Campanha: CINCO ERRES (5 R's)

Frase: Reduzir o consumo, reutilizar os materiais e reciclar os descartes é pouco, falta repensar nossa maneira de ser e **recusar** as imposições.

Razão: O planeta exige que paremos a sua destruição. O consumo desenfreado com a busca do lucro a qualquer preço não é viável. Devemos repensar nosso papel na sociedade e tomar o rumo certo do equilíbrio sustentável. Pare de agir automaticamente e recuse, reflita e reveja os seus hábitos para com o planeta.

Campanha: SACO CHEIO

Frase: Espere o saco encher antes de jogar fora.

Razão: Os saquinhos nas lixeiras são recolhidos por tempo de uso e não por capacidade total. As pessoas, por hábito, recolhem o saquinho da lixeira nas datas programadas da limpeza porque simplesmente passaram por lá, sem verificar se estão cheios ou vazios. Devemos acabar com este péssimo hábito e bloquear a inércia de recolher sem esperar o recipiente encher. Podemos coletar a sujeira das lixeiras em coletores maiores, acumulando lixo e enviando tudo num saco só.

Campanha: CARRETEL DA ECONOMIA
Frase: Aquela cordinha que falta.
Razão: Reúse as fitas, os fitilhos, as cordas, os fios de saches de chá, entre outros. Amarre todas as partes num único carretel e enrole tudo num tubete de papel higiênico ou papel toalha. Estamos sempre precisando destes fios para amarrar as coisas, para segurar plantas no jardim, para fazer brinquedos para as crianças.

Campanha: BANCO DE MATERIAIS
Frase: Vamos guardar e reaproveitar os descartes de obras e reformas.
Razão: Quanto desperdício nós encontramos em obras novas ou reformas em geral? Os orçamentos de custos são feitos já com os acréscimos destas perdas devido à cultura do desperdício. Quantas vezes tivemos que comprar um metro de cano para só usar dez centímetros? Um banco de materiais pode gerar uma economia enorme. Instale um em seu condomínio, com os descartes de obras e reformas em geral (madeira, telha, tijolo, resto de tinta, canos, fios, vasos, bacias, janelas, brita, areia, cimento, portas, tocos e pedaços

em geral, entulho a ser triturado para fazer areia para piso permeável, etc). Vamos exigir leis obrigando a formação de bancos de materiais pelas empreiteiras, incorporadoras, construtoras e outras empresas da área. Vamos extinguir a cultura do desperdício.

Campanha: CHEGA DE ATRASO
Frase: Vamos deixar de ser gente atrasada.
Razão: Com a cultura do atraso todos perdem tempo, dinheiro, paciência e credibilidade.
A pontualidade é a regra. Sua quebra pode ocorrer por motivos de força maior, mas nunca por hábito. Ser pontual significa respeitar o próximo. Vamos nos importar mais com as outras pessoas, transmitindo uma imagem de respeito e confiança.

Campanha: ECONOMIA COMO REGRA
Frase: Mais economia com menos ostentação.
Razão: O cargo público é de serviço à população e não fonte de prestígio, poder e conforto. A sociedade precisa de ações e não ostentações de cargos. A noção de autoridade está confusa deste jeito. Para que tantos carros oficiais? Inúmeras esferas dos poderes não necessitam de tantos veículos luxuosos ou até mesmo destes à disposição. Por que quanto mais alto o cargo, mais luxoso e poluidor é o veículo utilizado? O serviço público por excelência deve ser igualitário e exemplar. O espírito de serviço e sua forma ágil, com economia

e precisão, é que deveriam ser enaltecidos. Num país com tecnologia de motores 1.0, econômicos e flexíveis no combustível, por que razão não são estes os carros oficiais? Vamos racionalizar o bom uso e emprego das verbas do erário público.

Campanha: USE ENERGIA DE FONTE LIMPA E RENOVÁVEL
Frase: Aprenda a fazer...
Razão: Hoje na internet estão disponíveis inúmeros manuais que ensinam a montar, a construir e como fazer manutenção das coisas em geral. No campo de energia alternativa, por exemplo, se encontra literatura de aquecedor solar, energia eólica e energia mecânica gerando eletricidade. Vamos estudar mais e exigir políticas de governo nesta área.

Campanha: VOOS DA LIBERDADE
Frase: Não faça aos outros o que você não quer que façam com você.
Razão: Alimente a vida plena. Dê asas a liberdade. Vamos extinguir as gaiolas e jaulas do mundo. Ouvir o canto da ave na árvore é muito mais bonito. Vamos montar comedouros para pássaros, com sobras de madeiras e outros materiais e sevar com sementes e cascas de frutas. Essa atividade de educação e valores deve ter início na base da família.

Campanha: QUEM FAZ, CUIDA!
Frase: A indústria não vendeu? Então ajude a recolher o produto usado.
Razão: Vamos pleitear leis que criam responsabilidades aos fabricantes em geral, para ajudarem na coleta seletiva e destinação do resíduo (a reciclagem gera economia na produção de matéria-prima). E também, que parte do imposto recolhido pela indústria do fumo e das bebidas alcoólicas seja destinado aos hospitais especializados (pulmão, fígado e tratamento de dependências).

Campanha: REENCONTROS
Frase: Busque o natural.
Razão: Estude sobre os possíveis males que os resíduos químicos, dos produtos industrializados de hoje em dia, podem ocasionar. É melhor prevenir que remediar (dito popular). Prefira produtos de higiene e limpeza, repelentes e remédios naturais. Prefira alimentos orgânicos. Ajude a preservar os nossos patrimônios culturais, vamos retomar a simplicidade de viver e também os valores das culturas caipiras, caiçaras, caboclas, sertanejas, da floresta, etc. A cultura indígena pode nos ensinar o caminho do reencontro ao natural.

Campanha: SALÃO SUSTENTÁVEL
Frase: Esmalte só fica bonito na unha.
Razão: Vamos exigir leis para a coleta de embalagens com resíduos químicos. Vamos incentivar os salões de

beleza e estética a descartarem as embalagens usadas em separado. Vamos explicar os efeitos colaterais destas substâncias no meio ambiente, que formam um coquetel tóxico de nome chorume nos lixões e aterros não controlados e traz risco de grave contaminação aos lençóis freáticos. Assim como as prefeituras têm o serviço especial de coleta dos resíduos hospitalares e de clínicas, porque não recolher também as embalagens usadas de produtos químicos, de agrotóxicos e outros venenos? Os fabricantes também devem ter responsabilidades com a coleta.

Campanha: UM ARTISTA DE VERDADE
Frase: Arte engajada.
Razão: Exigir leis de coleta e tratamento das substâncias químicas em geral. Encaminhar os restos de tinta em latas e tubos para postos de coletas especializados. Propor que as indústrias químicas recolham e reciclem estes resíduos. As prefeituras devem promover educação e cidadania, criando pontos de coleta seletiva, e receber também entulhos e restos de obras, resíduos químicos e outros descartes em geral.

Campanha: O BOM REMÉDIO
Frase: Se você está curado e o remédio que sobrou está na validade, doe para quem precisa.
Razão: Formação de uma farmácia com sobras de remédios ainda válidos para serem distribuídos, mediante

receita médica, para quem precisa e não tem recursos. Entidades religiosas e assistenciais poderiam administrar estas farmácias. As indústrias farmacêuticas deveriam ter leis para recolher e reciclar as embalagens de sua produção e, principalmente, terem postos de coleta para remédios vencidos, de forma que possam tratar este lixo perigoso, ao invés de serem descartados nos aterros.

Campanha: ÁREA RESERVADA PARA BICICLETAS
Frase: Agora é lei.
Razão: Vamos exigir leis das autoridades que obriguem os imóveis comerciais, fornecer espaços gratuitos para estacionamento de bicicletas enquanto seus condutores estiverem frequentando o local. Com a construção de ciclovias e com locais seguros para deixar as bicicletas, a quantidade de ciclistas vai aumentar. Melhora o trânsito, diminui a poluição e aumenta a vitalidade das pessoas.

Campanha: VOCÊ JÁ PLANTOU HOJE?
Frase: Plante a semente.
Razão: Vamos germinar a vida. Todas aquelas sementes e caroços que jogamos no lixo da cozinha podem ser plantadas em quintais, vasos, fundos de garrafas plásticas ou qualquer outro lugar. Vamos fazer hortas e pomares nas casas, quintais de prédios e até na fábrica onde você trabalha. Em varandas, suspensos pelos muros ou em cima dos telhados. Com o apoio e a

administração da prefeitura vamos plantar mudas pela cidade, em praças e parques, nas calçadas, formando pomares urbanos e belos jardins.

Campanha: ALIMENTO VIVO
Frase: Se alimente com vida.
Razão: Acrescente aos seus conhecimentos gerais as bases filosóficas da macrobiótica e do vegetarianismo. A função do grão é gerar vida, se alimente de vida. Não mate para satisfazer a sua gula. Alimentar-se não é comer em demasia. A violência da morte pode intoxicar a carne.

Campanha: COMPOSTAGEM CASEIRA
Frase: A terra pede adubo.
Razão: Jogamos fora muito "lixo" que não é lixo. Com as cascas de frutas, legumes e ovos, as folhas de verduras e podas de jardim, com o pó de café e o saquinho de chá usados é possível fazer composto orgânico em casa. A terra vegetal fortifica nossos jardins e praças. Vamos aumentar a vida útil dos aterros sanitários. É possível, hoje em dia, produzir húmus em minhocários caseiros que cabem em qualquer varanda.

Campanha: COLETORES PARA RECICLÁVEIS
Frase: Tem algum na frente do seu prédio?
Variante para bairros residenciais: Tem algum na esquina da sua casa?

Razão: Os condomínios devem ter coletores de recicláveis, tanto dentro como nas calçadas. O condomínio separa e a prefeitura recolhe e destina para a reciclagem. Condomínios residenciais devem ter os coletores padrões. Condomínios comerciais, além dos padronizados por cores, devem possuir também coletores para pilhas e baterias, lâmpadas e lixo eletrônico. Devemos divulgar que isopor e borracha são recicláveis. Devemos exigir, nas farmácias, coletores para remédios vencidos, que devem ser incinerados e não postos em lixos comuns. Devemos exigir dos laboratórios e hospitais que recolham as chapas de raios X, porque é possível retirar muito metal nobre da sua composição.

Campanha: AQUI TEM BANDEIRA VERDE
Frase: Não abandone seu resíduo na rua.
Razão: Os cidadãos têm o costume de deixar os materiais possíveis de reciclagem nas calçadas em qualquer hora do dia, esperando a passagem de algum catador. Muitas vezes o catador não passa e os resíduos são recolhidos pelo caminhão do lixo, ou pior ainda, se espalham pela cidade. Vamos fazer a coisa bem feita e com consciência. Se a opção de descarte é deixar na rua para algum catador, armazene dentro de casa e coloque uma bandeira verde na porta indicando que ali tem materiais para a reciclagem. A cidade fica limpa e todos ganham com isto.

Campanha: SEJA CONSCIENTE
Frase: Cuide da sua parte.
Razão: Se cada um fizer a sua parte, todos ganham.
Vamos fazer a separação dos resíduos em casa. No trabalho, vamos exigir coletores e, enquanto não instalam, seja exemplo e faça a coleta seletiva mostrando a todos que é possível. Coloque cestos debaixo da mesa e peça aos colegas depositarem o reciclável ali.

Campanha: CADA POSTE UMA ÁRVORE
Frase: Mude o tronco de cimento pelo de madeira viva.
Razão: Uma campanha pelo cabeamento subterrâneo, facilitando manutenções e reparos, trocando cada poste por uma muda de árvore. Isto ajuda a embelezar as calçadas e a combater a poluição. Traz também mais segurança para a via, com menos riscos de acidentes elétricos.

Campanha: PISOS PERMEÁVEIS
Frase: Deixa escoar.
Razão: Devemos exigir leis severas e seu cumprimento, com relação à permeabilidade (pisos drenantes) em calçadas e estacionamentos a céu aberto. Exigindo o plantio de árvores nestas grandes áreas de estacionamentos. Que os órgãos competentes divulguem estudos sobre as melhores árvores para plantar em calçadas nas cidades. Divulgar as espécies e dar sementes e mudas.
Variantes: *a) Sarjeta Drenante:* deixar 70 cm (setenta centímetros) de espaço, entre o meio fio e a via, em

paralelepípedo, para ajudar a água penetrar no solo.
b) *Ruas Antigas:* em áreas residenciais, vias próximas a colégios, junto de locais onde existe muito pedestre (teatros, cinemas, casas de entretenimento, igrejas e templos, hospitais, estádios e ginásios) e em ruas com pouco fluxo de movimento recolocar paralelepípedos ou novos blocos de concreto drenantes, que, além de sua função permeável, vai ajudar a diminuir a velocidade dos veículos, acrescentando segurança à via, principalmente para crianças e idosos.

Campanha: MATERIAL DE LIMPEZA
Frase: Limpam ou deixam resíduos?
Razão: Tudo hoje em dia leva algum tipo de química e os princípios ativos estão cada vez mais potentes. O produto não deve só limpar e desinfetar o lugar, mas, principalmente, não pode te poluir e nem deixar resíduos tóxicos. Vamos pesquisar quais são os materiais que não deixam resíduos, que não nos agridem. Onde encontrá-los e/ou como fazê-los em casa.

Campanha: ECONOMIZANDO COM O REFIL
Frase: Eu quero comprar refil.
Razão: Vamos exigir leis do poder público obrigando a indústria a disponibilizar refil no mercado. Desde a volta dos vasilhames de bebidas até cargas de canetas, material de limpeza, de higiene pessoal e demais produtos passíveis de refil. Vamos exigir nas feiras e

mercados que vendam produtos a granel e se levarmos a nossa própria embalagem, receberemos descontos. É dever ecológico da indústria fornecer refil. É mais economia e o meio ambiente agradece.

Campanha: NO CABO DA DIGNIDADE
Frase: Ampliando a cidadania.
Razão: Implementar e desenvolver o trabalho de varrição de ruas. Interligar o serviço de limpeza com cooperativas de coleta para reciclagem. Valorizar os garis e aumentar o seu efetivo. Dividir as equipes em tarefas: uma para o lixo comum, outra para o orgânico e uma terceira para recicláveis. Varrer, além das sarjetas, também as calçadas e utilizar água de reuso, em caminhões pipas, para lavar ruas e calçadas pela cidade. Proibir que os moradores lavem calçadas e carros na rua usando água potável.

Campanha: TELEVISÃO DE QUALIDADE
Frase: Vamos usar a televisão para ver cultura.
Razão: Para aumentar a divulgação de boas informações e como fonte de saber, os aparelhos de televisão, expostos e ligados em lugares públicos, por força de lei, só poderiam transmitir os canais que veiculam cultura (documentários, folclore, história da música e das artes, programas educativos e telecursos, desenhos animados sem violência, programas com metodologia pedagógica de ensino, programas acadêmicos e de informação dos

canais comunitários, universitários, das entidades de classe, dos poderes executivo, legislativo e judiciário (municipais, estaduais e federais), o canal Sesc-TV, a TV Cultura/SP e os demais Canais Educativos). Só assim, o direito da liberdade democrática será efetivo, porque as veiculações dos interesses do mercado não podem prevalecer sobre a veiculação da cultura. Sem esta regulamentação, os gostos pessoais dos donos dos estabelecimentos prevalecem de forma autoritária nos recintos. Os canais de televisão são concessões públicas e devem ser usados, em público, como ferramenta multiplicadora de cultura para um mundo melhor.

Campanha: CANAL AMBIENTAL
Frase: Mais Conhecimento, Mais Identidade, Mais Respeito, Mais Conservação.
Razão: Exigir do governo a instalação de mídias exclusivamente ambientais é uma forma eficaz de sustentabilidade, porque quanto mais conhecimentos sobre um assunto, coisa, indivíduo, localidade, grupo ou etnia se tem, mais identidade é formada entre as partes, peça fundamental para florescer o respeito necessário para a conservação.

Campanha: COM TODO GÁS
Frase: Resíduo Energético.
Razão: Exigir planos de governo obrigando a extração do gás, dos aterros sanitários, para movimentar usinas

termoelétricas. Por falta de iniciativas, literalmente, estamos jogando muito dinheiro no lixo.

Campanha: A FILA ANDA
Frase: Leitura Dinâmica.
Razão: Existem livros de consulta profissional, outros de consulta emotiva e principalmente os nossos grandes companheiros e amigos na jornada. Mas existem outros livros que cumpriram seu papel na época e hoje estão pegando pó na prateleira. Vamos doá-los a bibliotecas, escolas do bairro, creches, asilos e entidades diversas. Este livro vai continuar a sua disposição sempre que você quiser, mas muitos outros também vão poder desfrutar da leitura. Vamos disponibilizar livros em estações de ônibus, trens e metrôs. Vamos viajar com os livros e fazer com que eles viagem também. Pegue um livro emprestado na rodoviária da cidade de origem e o devolva lido na estação da cidade destino. Vamos exigir do poder público os espaços para estes livros itinerantes. A cultura agradece.

Campanha: VAMOS SIMPLIFICAR A INFÂNCIA
Frase: Criança quer brincar!
Razão: A criança gosta de andar descalça, brincar no chão e com qualquer roupa. Quem gosta de terno com sapato social, ou vestido engomado com sapato de salto é adulto (e nem todos!). A criança só se diverte com os brinquedos comprados em lojas porque seus pais não

fazem outros para ela. Brincar com uma simples bola de meia ou "ajudar" a mãe na cozinha, lambendo a colher do bolo, deixa qualquer criança muito feliz. A criança gosta mesmo é de estar na companhia dos seus pais, testando o espaço e a autoridade. Professores (de balé, judô, natação, música, inglês, etc) e psicólogos podem ajudar, mas nunca substituir a presença dos pais. Todos nós devemos reavaliar nossas relações de tempo entre a família, a sociedade e o trabalho, para desenvolvermos um futuro mais saudável.

Campanha: INCENTIVANDO O BELO
Frase: O amor pede flor.
Razão: Vamos colocar uma flor na porta de casa, numa campanha pela vida. Vamos incentivar o belo. Vamos deixar de ser destrutivos, mudando nossas energias.

Campanha: CAMPANHA DA CAMPAINHA
Frase: Um sininho para cada um.
Razão: Vamos tocar nossa sineta interior da mudança. Vamos atravessar este mundo de passagem como caminhantes curiosos. Ninguém precisa ser especialista em nada para observar que as mudanças são possíveis. *Palavra-Chave:* CONSCIENTIZAÇÃO. Ou você muda ou nada feito.

4ª Parte

PENSE A RESPEITO

Ser econômico ajuda a sustentabilidade.

Diminuir o uso de combustíveis fósseis é necessário.

O calor gerado na produção das necessidades materiais dos homens aumenta o efeito estufa.

Está faltando calor humano na Terra.

A limitação da potência dos motores automotivos vai economizar combustível e salvar vidas.

Conhecer as leis ambientais do país é dever de todos.

Você acompanha se, na prática, as autoridades estão fiscalizando o meio ambiente?

Com o mercado crescendo, a produção aumenta e os preços dos produtos orgânicos vão diminuir.

Sinta a diferença de sabor cozinhando com produtos naturais.

Cultive a paz, trabalhando na sua horta caseira.

Todos os condimentos e muitas das verduras e legumes usados na cozinha podem ser plantados em vasos na varanda, inclusive é possível fazer uma farmácia viva com ervas medicinais.

É usando as panelas corretas para cozinhar que você põe saúde na mesa.

A vida fica satisfeita com água pura, alimento saudável e a prática de valores humanos, o que vier a mais é poluição dos homens.

O que você faria se o rodízio de veículos fosse como descrito abaixo?

Segunda-feira	placas final 1 e 2	proibido trafegarem o dia todo
	placas final 9 e 0	proibido trafegarem no horário de pico
Terça-feira	placas final 3 e 4	proibido trafegarem o dia todo
	placas final 5 e 6	proibido trafegarem no horário de pico
Quarta-feira	placas final 5 e 6	proibido trafegarem o dia todo
	placas final 7 e 8	proibido trafegarem no horário de pico
Quinta-feira	placas final 7 e 8	proibido trafegarem o dia todo
	placas final 3 e 4	proibido trafegarem no horário de pico
Sexta-feira	placas final 9 e 0	proibido trafegarem o dia todo
	placas final 1 e 2	proibido trafegarem no horário de pico

A prefeitura, anualmente, deve verificar e controlar toda a frota de veículos do município: a emissão de CO_2 (gás carbônico), o nível de ruído do escapamento e o estado geral da segurança (pneus, luzes, cinto de segurança, estado da lataria, acabamento interno, situação fiscal e multas).

Ampliando linhas de metrô, de trem, de bonde em vias elevadas ou circulares nas regiões comerciais, os corredores de ônibus sem semáforos e nem cruzamento com carros, o transporte público vai melhorar. Ampliando o serviço de locação de bicicletas, mais pessoas vão usar.

Imagina uma cidade com um parque em cada região, um bosque em cada bairro e muitas praças nos loteamentos, com casas e prédios bem arborizados nos quintais. É possível construir, basta você ajudar.

Respeite o limite de velocidade e pratique a direção defensiva. Respeite a vida, tanto a sua, quanto a dos demais.

Para evitar vácuos de fiscalização entre as licitações, a prefeitura deveria contratar, em épocas distintas, diferentes empresas de radares para atuarem de forma conjunta nas vias da cidade, coibindo, assim, de forma mais efetiva, o excesso de velocidade.

Antes de enviar os resíduos à reciclagem não se esqueça de lavá-los para remover qualquer impureza que possa intoxicar os materiais no transporte até as usinas, e, para economizar água neste processo, coloque as embalagens que serão destinadas à coleta seletiva na pia da cozinha, enquanto você enxágua a sua louça.

O seu condomínio pode diminuir com a instalação de relógios individuais de leitura das contas de consumo e a implantação da coleta seletiva, com o lucro revertido ao fundo de caixa.

Se os postes de iluminação pública que funcionassem com a energia solar fossem mais baixos e virados para a calçada, não haveria fios atrapalhando as árvores e seriam mais eficazes clareando o caminho do pedestre, porque carro já tem farol.

Seria possível plantar mais árvores na cidade se o cabeamento da fiação fosse subterrâneo.

O governo deve estimular a educação e dar meios para que o cidadão exerça cidadania.

O país só vai evoluir quando a sua cultura do atraso acabar. É questão de respeito e educação. A noção das pessoas sobre o programa da televisão das oito horas da noite deveria ser que ele começa na hora certa e não a certeza de uma hora depois. No inconsciente estamos achando que atrasar é normal, e não é! Estamos perdendo tempo esperando, gastando dinheiro com a luz acesa, ficando sem paciência e estressados, jogando fora a educação, o respeito ao próximo e a chance de cumprirmos as tarefas como profissionais, sobrando somente nossa fama negativa de incompetentes e atrasados.

Busque mais economia nas compras e exija a volta do refil: carga de canetas, material de limpeza, material de higiene, tubo de tinta para cartuchos de impressoras, bebidas em vasilhames, etc.

É dever do governo agir com firmeza contra todas as poluições.

Apoie a reciclagem e faça compostagem, para aumentar a vida útil dos aterros sanitários.

Aumente o seu uso de produtos naturais (alimentação, repelentes, limpeza, cosméticos, etc).

Não descarte o papel alumínio após o primeiro uso, ele ainda pode ser útil tampando travessas, por exemplo.

O vegetariano quando se alimenta ganha energia, resistência física e se sente feliz na alma.

Questão de educação: não deixe seu cão urinar nas portas dos outros e nem em árvores (respeite todas as formas de vida). Dê preferência ao uso dos postes nas calçadas. E se defecou? Limpe!

A solução para um passeio público sem pisos permeáveis, com buracos ou mal conservados é uma fiscalização eficiente com a aplicação de multa.

Ser ecológico é muito simples, o que falta é a boa vontade da população e o engajamento do poder público.

Utilize o comércio do seu bairro, vá a pé, conheça seus vizinhos; com esta interação você só tem a ganhar.

Utilize mais as escadas do seu prédio e sinta a melhora no seu condicionamento físico.

O recuo de construção deve mudar. Hoje os prédios usam todo o terreno no subsolo. Não existe a penetração da água. O recuo do subsolo deveria seguir as medidas do aéreo, por exemplo: num terreno de 20×50 metros, hoje a construtora cava toda a área e só na parte aérea é que faz os recuos. Se a lei mandar recuos de cinco metros de frente, cinco metros de fundo e cinco metros de cada lado, a construtora só poderá cavar uma área de 10×40 metros. A medida do subsolo deve seguir a mesma medida da parte aérea.

Procure comprar relógios de pulso automáticos (engrenagens mecânicas que dão corda com o movimento), serão menos baterias intoxicando o meio ambiente.

A convivência e a convivência apática com jogos agressivos e de guerra é ir contra a Cultura de Paz. Não incentive a violência, não faça da sua televisão um campo de treinamento militar.

Na cultura ambiental é importante tanto a nossa mudança de hábito, quanto eliminarmos de vez as nossas atitudes destrutivas. O sucesso só será alcançado pelo trabalho individual e anônimo.

As ideias nunca acabam, basta ter boa vontade.

Um "causo"

Aqui no sítio, com o uso da roda d'água, a energia que usamos é quase toda mecânica; inclusive o pilão da casa de farinha, movido com a força da água, vinte e quatro horas todo dia. Temos um biodigestor que usa o esgoto da casa, da colônia, dos galpões e o esterco do curral produzindo gás para os fogões, geladeiras e congeladores da propriedade. Temos o cata-vento que, além de puxar a água do poço, também gera energia para a irrigação por gotejamento que é mais econômica e eficaz. Temos aquecedores solares consorciados com a caldeira do forno e o gás do biodigestor, garantindo água quente nas torneiras de toda a propriedade. Nas chaminés das cozinhas e da fábrica de queijo, só sai vapor d'água. Os mourões e cercas são feitos prensando-se os pneus usados (do trator, do caminhão e também dos carros). Procuramos na internet como fazer e, com material barato daqui mesmo, fizemos tudo. Muitas vezes, os relógios que estão espalhados pelas paredes da propriedade param porque prestamos muito mais atenção na posição do sol e da lua, nas nuvens, nas revoadas migratórias, nas floradas e demais belezas da natureza, como o canto das aves, principalmente o galo logo cedo de manhã, que esquecemos de dar corda nos relógios.

5ª PARTE

COMO COMEÇAR

A) Primeiras medidas

a) Convença-se da necessidade de ser sustentável.
b) Comece reciclando seu jeito de ser.
c) Pense antes de consumir por impulso.
d) Escolha os produtos com menos embalagens.
e) Rejeite as imposições do mercado.
f) Seja mais econômico no seu dia a dia.
g) Fique atento aos 5 R's: reduzir, reutilizar, reciclar, repensar e recusar.
h) Em casa, recicle e prefira os produtos naturais.
i) Onde você estiver, divulgue a sustentabilidade.
j) Na cozinha, separe o lixo orgânico para compostagem.
k) No trabalho, peça a implantação da reciclagem.

l) Tenha atitude e mostre a todos que é possível ser sustentável.

m) Imprima só o necessário e, sempre que possível, use o verso da folha.

n) Faça rascunhos com as folhas usadas.

o) Seja racional no uso de copos plásticos:

Não descarte seu copo plástico
logo após o primeiro uso.
Ele ainda pode lhe ser útil.

Menos lixo, menos consumo,
mais economia.
O meio ambiente
AGRADECE.

B) Algumas dicas de avisos para serem colocados em lugares estratégicos

Na recepção e dependências:

> Estamos implantando técnicas de
> sustentabilidade no local.
> Pedimos a colaboração de todos.
> Separe e dê destinação correta aos resíduos.
> Favor encaminhar para o coletor da
> reciclagem os seguintes materiais:
> Papel – Plástico – Vidro – Metal – Isopor –
> Borracha – Pilhas e Baterias

Em todas as dependências:

> Se o dia estiver claro,
> a sala estiver vazia,
> ou você for o último a sair:
> FAVOR DESLIGAR A LUZ

Onde houver consumo de água:

> NÃO DESPERDICE ÁGUA
> Ela é um bem finito se
> não soubermos usar

Na frente das pias:

> Ao ensaboar suas mãos, desligue a torneira.
> Ao escovar os dentes, desligue a torneira.
> Ao fazer a barba, não limpe a
> lâmina em água corrente.
> Reserve um pouco de água na pia ou
> numa bacia para fazer esta limpeza.

C) Exemplo de cidadão

A prática ambiental nos faz evoluir como pessoa.

Importar-se com o próximo é uma atitude humana.

Faça um mural em casa, com os amigos ou no trabalho, para que cada um descreva o que tem feito pelo meio ambiente.

Faça uma planilha de custo e acompanhe as economias nas contas de consumo, despensa, uso de descartáveis, etc, porque cada centavo faz muita diferença ao meio ambiente.

D) Cinco erres (5 R's)

Vamos **reduzir** o consumo exagerado e desnecessário, economizar e não desperdiçar, praticando um consumo consciente.

Vamos **reutilizar** os descartes na função original ou o transformando em novo produto, prolongando sua vida útil.

Vamos **reciclar** e fazer compostagem, para termos menos lixo nos aterros sanitários e mais matéria-prima que não seja tão impactante na cadeia produtiva.

Vamos **repensar** toda a nossa relação com o planeta.

Vamos nos engajar no desenvolvimento das ideias produtivas e na formação de um coletivo consciente sustentável, e **recusar** todo tipo de imposições.

6ª PARTE

ARTIGOS DE ECOLOGIA E SUSTENTABILIDADE

Do individual para o coletivo
Sustentabilidade e Direitos Humanos

A Resolução nº 217, A, (III), da Assembleia Geral das Nações Unidas, de 10 de dezembro de 1948, que instituiu os Direitos Humanos diz: "que o reconhecimento da dignidade inerente a todos os membros da família humana e de seus direitos iguais e inalienáveis é o fundamento da liberdade, da justiça e da paz no mundo". A formação da unidade global depende de uma inter-relação social, com amplo respeito às liberdades de ações e expressões, tendo na base a justiça, o correto, o equilíbrio e o convívio pacífico com as diferenças. A grave crise atual do planeta está diretamente vinculada à total falta de respeito para com os semelhantes, para com todas as demais formas de vida e, principalmente, pelo uso abusivo dos recursos naturais, que estão sendo destruídos pela ganância desmedida do homem. O respeito ao próximo é a base fundamental da evolução humana. A relação sadia entre sustentabilidade, ecologia e progresso da humanidade está diretamente vinculada ao reconhecimento e prática dos Direitos Humanos. Apoiar todas e quaisquer nobres atitudes em prol da evolução humana é dever de todos. O processo parte da aplicação dos direitos humanos, passa pela remodelação dos valores sociais, equilibra os excessos dos opostos, inova o jeito de agir e acrescenta os princípios da sustentabilidade para gerar um legado de futuro. O crescimento das relações mundiais depende do homem e a evolução individual é moldada pelos ensinamentos morais e religiosos. A prática diária de pequenos gestos enobrece a pessoa e repercute na sociedade, sendo o coletivo reflexo do individual. É impossível existir futuro sem cidadãos ambientalmente responsáveis e a responsabilidade pelo sucesso na construção de uma civilização pacífica depende da ação de todos.

Engajamento individual
Responsabilidade ecológica

Todos nós, diariamente, estamos colaborando de alguma forma com o aquecimento do planeta e as consequentes mudanças climáticas. Em todas as atividades são deixados rastros ambientais. Qualquer indivíduo, no mundo, tem sua parcela nas emissões de dióxido de carbono e gás metano à atmosfera. É urgente a mudança tanto de hábitos, quanto dos modos de consumo atuais, ou vamos todos extinguir. De forma simples e com pequenas alterações no nosso jeito de ser, é possível diminuir consideravelmente nossa parte nesta destruição. Através de um amplo engajamento será possível reverter toda esta situação de catástrofe. Só e exclusivamente com as ações individuais, em prol da sustentabilidade, é que será formada uma sociedade permanente. A disponibilidade de ar puro, solo fértil, riqueza de biodiversidade, ecossistemas preservados, elementos naturais que sustentam o equilíbrio climático e que possibilitam a produção contínua de água (nascentes e aquíferos) são pré-requisitos fundamentais à vida. Hoje, é de suma importância o entendimento de que somos inquilinos no mundo e, nesta relação de empréstimo, nós nada possuímos a não ser a permissão de uso com o objetivo de evoluir, a razão de conservar e o respeito ao próximo em perpetuar. O progresso só depende de nós.

A verdadeira conferência do clima
Atitude ecológica

Os governos de todos os países, de certa forma, estão envolvidos nas negociações internacionais pela estabilidade e retrocesso dos efeitos das mudanças climáticas no planeta. Além da ONU, o órgão central onde ocorrem as mais importantes conferências sobre o clima com assinaturas de acordos e intenções, existem entendimentos paralelos entre nações ou blocos e internamente nos países, estados, regiões, cidades, agrupamentos diversos e até em empresas, onde são desenvolvidas ações pontuais com área de abrangência conforme o tamanho dos envolvidos. Os diálogos ocorrem entre técnicos especialistas e diletantes, entre céticos e crentes, entre quem nada faz e os apaixonados. Inúmeros são os argumentos, as expectativas, a persistência no tradicional ou as ações arrojadas, o desempenho de condutas, a aceitação ou negação, os interesses de expansão comercial freados e com tudo isto em andamento, com ou sem soluções, as correções necessárias não são praticadas e quem efetivamente sofrerá todas as consequências será a vida no planeta. Estes grandes encontros de promoção e busca por caminhos viáveis e a concretização das intenções, mesmo com todo o gasto e desperdício gerado, ainda assim são importantíssimos como parâmetros à união dos esforços pelo objetivo comum da sustentabilidade; mas somos nós, as pessoas simples, de vidas normais nas atividades cotidianas, que temos o poder da transformação e da mudança para um mundo melhor. São as nossas ações "banais" no dia a dia que vão fazer toda a diferença no processo. São os desejos de perpetuidade, de respeitar e ser respeitado, de ser agente do desenvolvimento humano, que devem inflamar nossa vontade interior de vencer na vida. Somos nós os verdadeiros agentes das mudanças.

Momento de reflexão
O ato de respeitar

Atualmente, as relações sociais estão fundamentadas num consumo sem limites. Além das datas festivas criadas pelo mercado, existem inúmeras outras situações passíveis de comemoração. Que "coisa boa" é a sociedade conseguir encontrar a felicidade nestes breves momentos, mas onde realmente está a realização?

As datas religiosas, que deveriam ser momentos individuais para reflexões, correções de rumo e contenção dos desejos são celebradas com rituais de compras e confraternizações em verdadeiros banquetes. O egoísmo e as permissividades, hoje em dia, estão desproporcionais e a falta de respeito ao próximo é explícita, principalmente nas comemorações natalinas e na passagem do ano gregoriano, quando incontáveis árvores, arbustos e jardins são "decorados" com luzes de todos os tipos, que aumentam o gasto de energia em escala global e desrespeitam os horários naturais das plantas, estressando-as com luminosidade artificial, calor e choques elétricos.

Tudo isto é feito para o deleite sensorial dos olhos e se esquecem da postura digna do coração. Quando será que o homem vai começar a praticar a não violência? Para ser respeitado você deve primeiro respeitar.

Não causar dano aos outros também implica deixar de causar dano para si. Ao falar, reflita se as palavras não são agressões, preste atenção se a visão não está corrompida e cercada de más intenções e deixe de dar ouvidos às conversas nocivas. O homem que quer colher bons resultados deve consultar sempre a sua consciência.

Reserva legal
Educação e cidadania

O Código Florestal Brasileiro em seu Art. 1º, § 2º, III, define a reserva legal como sendo a "área localizada no interior de uma propriedade ou posse rural, excetuada a de preservação permanente, necessária ao uso sustentável dos recursos naturais, à conservação e reabilitação dos processos ecológicos, à conservação da biodiversidade e ao abrigo e proteção de fauna e flora nativas" e é de responsabilidade dos proprietários rurais a sua averbação na matrícula do imóvel.

Todos os cidadãos, num estado democrático, podem exigir seus direitos e devem honrar as suas obrigações. É dever do poder público fiscalizar o cumprimento das normas. A regra é seguir a lei para o bom desenvolvimento da ordem social. As anistias e benefícios aos infratores devem ser extintos ou nunca teremos seriedade. A crença na impunidade deve ser substituída pela certeza da punição.

Os valores morais precisam ser honrados com a mesma ou maior intensidade que os valores econômicos e materiais. Nossa vida deve ser um entrelaçamento harmonioso de valores, de forma que a moralidade sempre prevaleça. A honra e o sucesso de uma nação depende da sua força moral.

O indivíduo responsável

A renovação necessária

A saúde traz alegria ao corpo e cria disposição, que é a chave das conquistas. Só se tem uma saúde completa se respirarmos ar puro, bebermos água limpa, comermos alimentos sadios e tivermos pensamentos nobres. O desenvolvimento pessoal exige bons hábitos e o crescimento da sociedade necessita de um meio ambiente despoluído e saudável. A evolução da humanidade só será possível se houver um conjunto orgânico de boas atitudes individuais.

A saúde do planeta está diretamente relacionada com o empenho e a busca individual de cada cidadão pelo melhor para si e é este conjunto de boas ações que vão reverberar na melhora da qualidade de vida do coletivo.

Só será possível existir uma geração futura se o homem de hoje plantar a semente da responsabilidade ambiental e do respeito aos direitos humanos. A era da destruição precisa acabar para a renovação florescer. O desvio sempre perturba, e só se você estiver tranquilo com o que faz significa que está fazendo a coisa certa.

A Questão do lixo
Respeito e cidadania

Repetidamente se fala sobre a questão do lixo, da obrigatoriedade de ser ensacado e descartado em lugar e hora certa; sobre a coleta seletiva e a urgente necessidade atual de reduzir, reusar e reciclar. Mas é fundamental hoje acrescentarmos outros dois erres na nossa conscientização ecológica: repensar e recusar.

REDUZIR a quantidade de material descartado;

REUSAR os descartes na função original ou de outros modos criativos;

RECICLAR para abastecer de forma mais econômica o mercado de matérias-primas;

REPENSAR toda a atual cadeia produtiva;

RECUSAR as imposições do mercado.

É um absurdo hoje em dia, por quesitos de educação e higiene, ainda encontrarmos lixo pelo chão e nas ruas. De nada adianta escrever, falar e ensinar se o homem não tiver a disposição de mudar a si mesmo. A conscientização é um processo individual que deve brotar de dentro para fora, ou ser imposto coercitivamente pelo poder público através de fiscalização e multas.

Somente quando o indivíduo souber controlar o seu egoísmo e deixar de enxergar tudo ao seu redor como descartável e para uso imediato é que ele vai conseguir respeitar o próximo, conservar a natureza para as próximas gerações e se tornar um cidadão.

Somente quando o indivíduo extinguir a sua ganância exacerbada pela matéria é que ele vai deixar de perder tempo se consumindo em novas aquisições; para ganhar a eternidade, recicle ideias e posturas, fazendo aos outros aquilo que deseja para si.

Todos devemos deixar de lado a falta de vontade e o egoísmo para juntos progredirmos com ações de cidadania.

Tecnologias modernas
Liberdade ou escravidão?

O homem tem um poder fantástico de adaptação e desde nossos primórdios soubemos dominar e manipular a natureza. Na base de toda a evolução está o cérebro mais desenvolvido, que nos distingue e nos separa evolutivamente dos demais animais. Com seu poder de observação e pensamento, somado a suas habilidades manuais, construiu armas e ferramentas. Outra importantíssima peça do sucesso é a linguagem. O nômade caçador dominou o fogo, a agricultura, a criação de animais e, com seus instintos de proteção, fez surgir as primeiras associações, famílias, clãs, grupos e tribos.

Com o passar dos séculos, as máquinas evoluíram e nos trouxeram conforto, menos esforços físicos, mais produção e liberdades, mas, atualmente, o mundo moderno se desvia da regra e está complicando nossa vida, fingindo estar facilitando.

Desde quando acordamos, até a hora de dormir, estamos entrelaçados com fios e cercados de botões e acessórios diversos. Toda esta parafernália necessita de muita energia para funcionar. Além do altíssimo custo das atualizações impostas pelo mercado, tornando o lançamento de hoje obsoleto amanhã.

Será que realmente precisamos usar toda a tecnologia existente em nossa vida diária? Insistentemente apertando botões do rádio-relógio, dos eletrodomésticos, nos carros e no trabalho? Ligados e plugados na internet, nas diversas redes sociais, telefonando e mandando mensagens de texto via celulares? Acreditando piamente que a tecnologia pode resolver tudo? Sonhando com um futuro cercado de máquinas inteligentes e robôs e esquecendo de chamar o amigo virtual para fazer um passeio real.

A ciência *versus* a ética
Os agrotóxicos

Os estudos técnicos e científicos atestam que os agrotóxicos presentes nos alimentos consumidos não afetam a saúde. A compra e uso de fertilizantes devem ser acompanhados por um profissional competente e a venda de agrotóxicos é feita via receituário de um engenheiro agrônomo, que determina também a dosagem e aplicação do veneno. Os profissionais do campo devem estar devidamente vestidos e protegidos com acessórios de segurança quando na aplicação do produto e o descarte das embalagens vazias deve seguir um rito especial devido à toxidade envolvida. Qualquer erro ou desvio de conduta pode acarretar um desastre ambiental. Desde o alastramento do veneno além da área de aplicação, a possibilidade de ser carregado ao rio ou córrego próximos após uma enxurrada, matando peixes e outros animais, até casos mais graves de poluição e intoxicação do lençol freático.

Não vamos levar em conta os possíveis excessos de uso e aplicação além do receitado e nem a possibilidade de descartar as embalagens vazias de forma errada, como lixo comum. Num ambiente "perfeito", ainda assim, para garantir a saúde do profissional que manipula e aplica o produto venenoso, deve-se vestir roupa apropriada e usar materiais de segurança, o que já é um ponto bem sugestivo em relação à saúde.

A ciência deve ter como pilar mestre a ética. Como pode ser atestado que os resquícios de agrotóxicos encontrados nos produtos no mercado não fazem mal à saúde do homem, se na ponta do processo estes venenos devem ser vendidos e manipulados sob diversas condições de segurança? Como pode a ciência atestar que estes remanescentes não fazem mal a quem consome se podem fazer mal a quem aplica? Não tem cabimento a ciência se preocupar com a ponta final e "esquecer" a ponta inicial, onde o trabalhador rural que se expõe pode até se adoentar com o uso prolongado destas substâncias. A ética exige postura e o que é bom para um deve ser bom para todos, caso contrário não existe justiça.

Voltando ao ambiente perfeito com a compra e manipulação correta e sem excessos e nem acidentes, preservada a saúde completa do aplicador e do operário que fabrica, qual é o estudo feito pela ciência em relação aos demais entes vivos que morrem após as aplicações? Qual o percentual de insetos e vegetais atingidos no entorno, que não representam risco algum à cultura plantada, mas que acabam perecendo por causa do efeito do veneno? Qual o peso desta mortalidade no desequilíbrio ecológico e na diminuição da diversidade?

Sabendo trabalhar o solo, com nutrientes naturais equilibrados e com diversidade de vida, usando a mão trabalhadora para plantar e criar ao invés de envenenar e repensando as monoculturas, a ciência vai estar embasada na ética e terá meios de atestar e promover a verdadeira saúde da população.

Fiscalização continuada
Atitude ecológica

A sociedade deve se acostumar a acompanhar, com constância, todas as ações dos órgãos públicos, em todas as suas esferas de atuação e, em especial, a coleta seletiva e sua destinação de resíduos.

Os órgãos competentes podem, por descuido, por falta de treinamento dos funcionários, por falta de vontade política, por problemas administrativos das empresas concessionárias, por falha na fiscalização, ou por muitos outros motivos, desrespeitar a boa-fé e a vontade dos munícipes, que separaram e encaminharam seus descartes à reciclagem, em pontos ou serviços de coleta específicos, acreditando na soberania da sua vontade.

Hoje vivemos uma situação ambiental crítica, que espera com urgência pela renovação das atitudes, que necessita de cidadãos mais engajados e sustentáveis, de mais ações individuais em prol do coletivo e, principal- mente, que a noção de respeito dos poderes públicos, em todas as suas esferas de atuação, bem como a sua forma de administração e gerência do bem público, mude de forma radical, por força dos exemplos de responsabilidade e conduta, desde o topo até a base.

O uso da água
Incentivo à economia

É comum, nas cidades brasileiras, os moradores usuários da concessionária responsável pelo abastecimento de água e tratamento do esgoto serem obrigados a quitar mensalmente o pagamento mínimo estipulado, nos casos onde a aferição constata o não uso do produto, ou uso abaixo da cota mínima.

Da mesma forma que os escalonamentos e aumento do cálculo tarifário para consumos altos e exagerados estão corretos, o usuário pagar pelo que não consumiu está errado e deve ser revisto para se adequar ao justo, independentemente dos custos administrativos e manutenção da empresa.

É necessário acabar com esta prática da cota mínima e só se fará justiça quando o consumidor pagar, efetivamente, por aquilo que consome. Mesmo nos casos de imóvel vazio, ou consumo zero, o boleto gerado deve vir com uma taxa condizente, cobrindo somente o custo da papeleta, porque os salários dos funcionários são fixos e não se alteram com os valores das contas, bem como as tarifas bancárias não deveriam existir aos serviços essenciais.

A política empregada se esquece de privilegiar a boa conduta e de incentivar as práticas econômicas, principalmente no desestímulo por melhores resultados na classe daqueles que consomem pouco por motivos de uso reduzido ou racional da água, mas não se esqueceram de penalizar os grandes consumidores, gerando dois pesos e duas medidas.

Penalizar o perdulário é certo, mas não incentivar e nem premiar quem economiza é injusto. Isto deve ser revisto, principalmente por se tratar da água, um bem finito, se desperdiçado.

Conservação de áreas verdes
Manutenção pública

O poder municipal deve ser mais dinâmico e eficaz na conservação e manutenção das áreas verdes, calçadas e árvores de uma cidade. O plantio deve seguir normas técnicas, com grande divulgação das espécies mais bem adaptadas e mais indicadas, bem como as podas devem ser sempre acompanhadas de profissional da área, para detectar o que é grama, o que é mato, o que são folhagens e, principalmente, o que são mudas espontâneas ou plantadas pelos munícipes em praças e parques, para evitar os desbastes indiscriminados advindos das máquinas de podas e motosserras municipais.

Por força de lei, é competência do poder público gerenciar e administrar o mobiliário urbano, em especial as árvores da cidade, que, uma vez plantadas, é de exclusividade da prefeitura o trabalho de podar ou remover em casos específicos. A ineficácia neste serviço pode ocasionar alguns acidentes, principalmente após tempestades e dias de ventania, trazendo danos aos munícipes em suas casas e calçadas, em seus bens e ao trânsito em geral. A demora no replantio das mudas, em locais de remoção de árvores caídas ou doentes, aumenta o desequilíbrio ambiental.

A mentalidade atual do cimentado deve ser renovada pela necessidade consciente das áreas permeáveis. Os famosos "puxadinhos" são ilegais, esteticamente horríveis e um desserviço à sustentabilidade. O homem deve mudar seus hábitos, mas o poder público deve fiscalizar com eficácia.

As áreas verdes e suas árvores são o mobiliário urbano mais importante nos tempos atuais, porque é através de seus processos químicos que os vegetais absorvem o gás carbônico na atmosfera, minimizando os efeitos do aquecimento global. A permeabilidade das calçadas e estacionamentos abertos, a fiscalização das áreas de recuo nos imóveis, a obrigatoriedade de captação das águas das chuvas, entre outras, não são medidas estéticas, mas de economia, de saúde pública e qualidade de vida.

Reencontrar a natureza
Um sábio caminho

O *homo sapiens*, em sua evolução linear, sempre interferiu, modificou e manipulou o meio ambiente para seu uso pessoal, deixando rastros e sobras residuais (lixo), que a natureza conseguia reabsorver no seu ciclo natural. Mas após a revolução industrial, e mais intensamente a partir da década de 1950, os novos descartes industrializados e derivados de petróleo colaboram de forma grotesca com o aumento das poluições. Esta quantidade de lixo descartado em nossas três lixeiras, a água, o ar e a terra, hoje é muito maior que o processo natural de transformação deste.

Assim, a humanidade esgota todas as possibilidades de regeneração e sustentabilidade possíveis. Destrói com danos irreparáveis a biodiversidade do planeta. Diariamente extingue espécies que jamais serão reintroduzidas. Gasta muita energia para sobreviver. Consome todas as reservas naturais, mesmo com a natureza sendo muito severa na evolução e adaptação das espécies. Desequilibra toda a harmonia no planeta, construída em bilhões de anos, e, principalmente, se esquece que é aqui o único lugar no sistema solar onde existem os meios necessários para estarmos vivos. Não dá para fugir.

O homem atual tem maturidade, tecnologia e conhecimentos suficientes para se reencontrar com a natureza. A civilização já alcança o estágio onde todos são iguais perante a lei e ainda não enxerga que todos os biomas são importantes perante a natureza. Em cada centímetro quadrado deste mundo deve ser preservada a sua biodiversidade e enaltecida a sua riqueza cultural e genética, porque só é possível a evolução da espécie humana com o desenvolvimento da unidade planetária pela diversidade. A terra é uma só, sem fronteiras para os desastres, onde ninguém é dono de todo o saber, mas todos são conhecedores de uma parte da sabedoria.

O único caminho evolutivo é a civilização reencontrar sua essência e sua identidade, se reconhecendo e se reconectando com o mundo natural. Entender todo o processo para respeitar o direito à prosperidade das futuras gerações. Só a natureza é fonte de vida.

A revolução da evolução
As redes sociais

Nestes últimos cento e sessenta e sete anos, todos nós vivemos e sobrevivemos a uma reviravolta tremenda em nosso mundo. As cabeças coroadas caíram, houve o início da revolução industrial, as relações entre capital e trabalho com lucro e justiça social se desequilibram ainda mais, sofremos a Primeira Guerra Mundial, ressurgiu uma militarização dominante, surgem os sindicatos, nos acabamos na Segunda Guerra Mundial, entramos na Guerra Fria, assistimos às quedas dos muros do socialismo, do comunismo e recentemente do nosso modo de produção capitalista e a revolução da informação já se faz presente. Da mesma forma que destruímos antigas relações e interferimos no meio ambiente, também estamos, paulatinamente, acabando com as injustiças e preconceitos.

Muitos pensadores conseguiram sair deste olho do furacão das transformações, no qual estamos todos inseridos, e conseguiram enxergar a nua realidade e nos alertar do que devemos mudar no nosso jeito de ser, nosso modo de agir e de nos relacionarmos com o meio ambiente. A nossa base de direitos humanos extrapola a espécie humana e hoje em dia engloba toda a diversidade de vida do planeta. É imprescindível iniciarmos os trabalhos de formação e estruturação da cidadania planetária.

A mudança individual, o amadurecimento da ética pessoal e o engajamento em atividades nobres vão formar redes de informação e o aumento dos participantes individuais vai gerir um coletivo mais consciente e íntegro, com poder de negociação frente à minoria que detém o capital, revolucionar com choques de moralidades os governos, exigir leis mais adequadas e com fulcro na justiça para eliminar os excessos de pobreza e riqueza, pela inserção e participação demo-crática com lisura de normas e princípios. Formando entidades de lideranças mundiais em prol da evolução do planeta e sua sustentabilidade para gerações. A hora da mudança é agora, não temos mais tempo para errar.

Reconexão

É dentro da intensidade do caos que nasce a fonte da ordem e através da canção de paz é extinto o agente guerreiro, que renova o seu jeito de ser e reencontra o equilíbrio da verdade, da fé e do coração. O eu inserido na trama, na teia da vida, na rede que cruza, na espiral de nós que se unem.

Para se reconectar com a sua essência, primeiro você deve ir buscar a proteção em seu lar interior e vá com todo o tempo necessário à procura de si mesmo. Fique aí e usufrua deste confortável aconchego do coração até se sentir bem e seguro. Inteirado de si é a hora de sair para conquistar a reconciliação e a harmonia entre o seu pensar, o seu falar e o seu agir, com a intensidade e o calor que aglutina o seu melhor e te deixa apto para entrar na rede da vida com muita sinergia, amarrando as linhas da teia, com nós bem coesos da sabedoria que nos ensina o equilíbrio nas ações e desejos, o trabalho pela sustentabilidade de gerações e as constantes orações pela permanência no caminho do meio, para sermos iluminados com a energia do amor incondicional e transbordar vibrações engajadas no espírito dos nobres propósitos.

7ª PARTE

FAZENDO A DIFERENÇA[2]

Iniciativa

Todos no condomínio conheciam os dois garotos, não pelas molecagens, pois eram mansos de espírito, mas pela grande amizade que os unia e por isso foram apelidados de Unha e Carne. Todo ano faziam a relação de brinquedos que queriam e, através de cálculos exatos a quem pedir e quando, sempre completavam a lista.

Cresceram e se tornaram jipeiros, montando um veículo especial batizado de Trovão Azul. Quando entediados, telefonavam à farmácia vinte-e-quatro-horas do bairro, só para perguntar a uma plantonista

---

2 (Três contos do livro *Casos para Causos* de Fernando J. P. Neme, Editora. Ícone, 2010)

em especial a que horas a farmácia fecha, para achar graça sempre da mesma resposta: "de segunda a sexta eu saio às seis da tarde"; e quando sobrava tempo filosofavam como era possível um advogado, vizinho de bloco, concluir a prova de renovação da carteira de habilitação, com cem por cento de acertos em direção defensiva e primeiros socorros, com oitenta por cento de acertos em conhecimentos ambientais, mais sessenta por cento de acertos em conhecimento de placas de trânsito e só com dez por cento de acerto em legislação?

Mesmo quando andavam por caminhos diferentes, o destino arrumava jeito de os unir; como no caso de um trabalho de faculdade (estavam no mesmo curso e na mesma classe), em que, sorteados os grupos, se separaram, cabendo ao grupo do Unha ir pesquisar em museus na cidade e ao do Carne sair para fotografar e pegar depoimentos. No dia das tarefas conheceram outras pessoas, inclusive garotas especiais, a ponto de os reencontros se tornarem constantes; após o tempo necessário das confirmações, resolveram apresentar suas namoradas entre si e aos demais da turma. O ponto de encontro foi na lanchonete de sempre, mas Unha e Carne se viram quarenta minutos antes da hora marcada, na frente de uma mesma campainha: estavam namorando cada um uma irmã daquela família.

Os dias passavam entre estudos e estágio, vida e namoros, sem maiores dificuldades; mas em relação às trilhas estavam ansiosos com a inscrição em um campeonato com muita divulgação e visibilidade para captar patrocinadores, mas com o Trovão Azul estava sem condições de disputar boas posições.

Certa manhã na faculdade, Unha, Carne e os amigos da classe estavam no Centro Acadêmico jogando truco. Roucos e com fome vão ao refeitório. Todos almoçavam ouvindo as aflições do Pingo, que, naquela tarde, após ter conseguido as economias necessárias, a dispensa do estágio e aproveitando as férias na faculdade, mais o consentimento da mãe e o apoio e incentivo do pai, iria passar dois meses surfando no Havaí, aquele paraíso norte-americano. Mas a namorada não sabia de nada e o Pingo temia que ela dissesse não. Com isso na cabeça, mais os problemas existenciais do Trovão Azul, os dois amigos, conversando na volta para casa, resolvem quais atitudes tomariam para dar sustança à vida.

Diariamente passavam pela vaga de estacionamento do jipão, bem ao lado do despejo do prédio, e viam aquela montanha de coisas destinadas ao lixo, e optaram em fazer dinheiro daquele desperdício. Conseguindo a autorização do síndico, passam a fazer a coleta seletiva com a renda apurada para eles.

Fizeram uma cartilha e distribuíram aos vizinhos, numa mobilização corpo a corpo, explicando a reciclagem, a necessidade da pré-lavagem e qual material o servente contratado recolheria na porta de cada um. Facilidade criada visando a uma maior adesão.

Com o empreendimento dando resultados positivos, eles iniciam a segunda fase, usando os rejeitos orgânicos (cascas de legumes, frutas e ovos, folhas de verduras e aparas de jardim, mais pó de café e serragem) para fazer compostagem, contratando outro ajudante para recolher porta a porta esse material, empilhar, revolver e regar, conforme receita de terra vegetal. Cresciam visivelmente com a adesão dos vizinhos, mostrando como é explícita a boa intenção das pessoas num ambiente propício.

Unha e Carne, quando adolescentes e por iniciativas próprias, plantavam mudas de árvores em praças, mas desistiram com desgosto dessa dedicação quando viram seus empenhos destruídos pelo serviço municipal de manutenção das áreas verdes, arrancando sem critério técnico, nem estudo do meio, as jovens plantinhas como sendo mato. É o Poder Público que deveria criar facilidades ao bem-estar geral, mas infelizmente está carregado de falta de vontade política e desinteresses diversos.

A terceira fase inicia com a evolução da compostagem, que, recebendo muita matéria orgânica no mesmo espaço, teve agilizado o processo com minhocário.

Os amigos, com os lucros, iniciaram plantação de ervas aromáticas e condimentares, seguida de horta e pomar orgânicos, formando canteiros entre os jardins do condomínio, contratando mais ajudantes e agregando valores.

Incentivados pelo sucesso, Unha e Carne, vendo as frequentes reformas das unidades, criaram um sistema de coleta, armazenamento e reutilização das sobras de obra, recolhendo pedaços de canos, fios de eletricidade, madeira em geral, restos de tintas, areia, pedra, cimento e tudo o mais para serem reutilizados, criando um pequeno depósito com tocos e miudezas para reparos gerais. Medidas simples que geravam muita economia, pois quase sempre somos obrigados a comprar um produto inteiro só para usar um pedacinho.

Na mesma linha de pensamento, o entulho nunca mais foi parar em caçambas na rua e começaram a ser triturados e transformados em matéria-prima de pisos para calçamentos com travamento automático, na própria terra do chão, sem a necessidade de cimento, trazendo permeabilidade às calçadas e ajudando o meio ambiente.

Coleta seletiva, compostagem, produção de húmus, canteiros de ervas, horta e pomar, reutilização de materiais, captação de água da chuva para irrigação fizeram o Trovão Azul conseguir seus patrocínios.

Os dois amigos, além das vendas e implantação da planta de economias em outros condomínios, também montaram uma fábrica de pisos, reutilizando entulho, ganhando a vida com iniciativas simples de engajamento ecológico e sustentabilidade.

Por que não?

Estavam todos sentados no chão, na frente das janelas de vidro daquela grande sala, com piso de tábuas, esperando a enxurrada de verão terminar, acompanhando a quantidade de água descendo pela rua. Eram vizinhos desde pequenos e acompanharam todo o processo de mudança da terra para cascalho e depois paralelepípedos até o asfalto que, com o tempo e pela péssima instalação, penetrou nas pedras de granito até o trabalho "bem feito" de hoje em dia, com contrapiso e camadas de asfalto que retêm a água da chuva na superfície, fazendo-a correr muito mais veloz.

Conversavam sobre como antigamente havia mais penetração no solo e a rua de baixo não alagava como hoje ocorre e que, por ser um bairro residencial, com movimento restrito, bem que as ruas poderiam ter de volta as pedras para, além de diminuir a velocidade dos automóveis, evitar também a quantidade dos não moradores que trafegavam por lá atualmente, que, sem cuidados com os pedestres, principalmente as crianças, deixaram inseguras aquelas ruas para brincar.

As ideias surgiam com tanta simplicidade e certa lógica que não entendiam o porquê de não serem ainda aplicadas. Achavam que as estradas ou pistas expressas e avenidas, por questões de segurança, deveriam ser de asfalto com suas ladeiras íngremes de concreto, as ruas secundárias com grandes blocos de concreto permeáveis e nos locais residenciais e de pouco movimento deveriam-se usar paralelepípedos, mais fáceis na instalação, manutenção e obras em geral, além de trazer mais segurança pelo limite natural da velocidade. Notavam também a falta de comunicação entre os agentes públicos de serviços com o setor de pavimentação da prefeitura, pois é comum acabarem de "remendar" uma rua para dias depois alguma concessionária abrir um buraco para trabalhar! Se fossem as ruas de pedras ou blocos estariam sempre em perfeitas condições de uso, não importando quantos trabalhos fossem executados. Em ruas asfaltadas o cabeamento deveria ser todo planejado no subterrâneo ou passar pelo acostamento. O mesmo vale para as calçadas, que deveriam ser permeáveis e com árvores obrigatórias, bem como todas as sarjetas montadas com paralelepípedos para ajudar na absorção de água, porque ali os pneus não trafegam e ficam estacionados.

Nesse mesmo tema achavam um absurdo a quantidade de pátios e estacionamentos pela cidade, construídos sem permeabilidade e nenhuma muda de planta fazendo sombra; deveriam ter leis coibindo esta prática calorenta e insustentável.

Eram jovens que adoravam andar de bicicleta, encorajados pelos próprios pais, que as usavam no ir e vir do trabalho, ganhando os pulmões oxigenação e economizando no transporte. Não se conformavam com a falta de ciclovias na cidade, que, simples e fáceis de implantar, ajudariam muito na diminuição de congestionamentos, tanto de carros pelas ruas quanto de ônibus e trens pelos corredores. Tinham a esperança de ver o poder público trabalhando pelo bem-estar da população e sabiam tanto do aumento de ciclistas na segurança da via, como também da diminuição dos atropelamentos, das violências no trânsito e principalmente da poluição.

Olhando tanta água se perder, bolavam jeitos de armazenar esse bem tão precioso, tanto em cisternas quanto em galões, que poderiam captar a água dos telhados conduzida pelas calhas e que serviria para lavar carros e pisos, molhar o jardim e quem sabe até, com alguma adaptação hidráulica, usar nas descargas da casa? Gostariam que fosse proibido por lei e com multa lavar a calçada com água encanada e a prefeitura deveria fazer este serviço de varredura e lavagem com caminhões pipas usando água de reúso. Os garis deveriam passar limpando, recolhendo e separando o lixo comum do possível para compostagem e principalmente do reciclável, criando mais postos de trabalho e melhorando as oportunidades às classes menos favorecidas. Faltavam muitas lixeiras pelas vias públicas, e onde existiam, se não estivessem quebradas, eram mal conservadas. Cada prédio residencial deveria ser responsável por um posto de coleta e separação dos descartes na sua calçada. Recipientes para lixo comum e reciclável. Os prédios comerciais deveriam também conter tambores para pilhas, baterias, lâmpadas de todos os tipos e lixo eletrônico. O órgão público deveria incentivar a compostagem para aliviar os cuidados dos aterros sanitários e ganharem os jardins terra de qualidade. Dos aterros deveria ser extraído gás, que seria revendido como fonte de energia "limpa". O uso da energia eólica, mecânica e solar (aquecimento e fotovoltaica) deveria ser incrementado e incentivado pelo poder público.

Quando a chuva parou, foram correndo lá pra fora pisar nas poças, chacoalhar galhos e chutar água uns nos outros.

Latas coloridas

Vera Lúcia, Rosa Maria e Laura Cristina são três amigas de personalidades diferentes, que se completam maravilhosamente bem. A Verinha é meiga, delicada e sensível a ponto de requisitar tato nas repreensões; sem capacidade de revide, chora fácil. A Rosa é mais impositiva e sem paciência, nunca usa meias palavras; e a Laura é mais equilibrada e quem faz a ponte nos conflitos.

Um dia a linha da paz quase se rompe, quando andavam pelo pátio do colégio franciscano, debaixo da sobriedade de linhas retas e cores neutras, ponteadas por alguns latões coloridos. Um lugar que conheciam tão bem, pois desde pequeninas estudavam juntas e espiavam tudo em silêncio, comentando com os olhos.

De repente se ouve: "Não jogue aí!". Era a Rosa, em despropositado ataque de indignação, vendo a Vera prestes a jogar no lixo de cor verde o resto de papel-manteiga todo engordurado. A esquentada continua descarregando palavras sobre reciclagem e chamando a atenção das necessidades do planeta, que pede socorro, dizendo:

"Que recipiente vermelho é usado para receber plástico (potes e frascos, garrafas de refrigerante e água, embalagens de materiais de limpeza, peças de brinquedos, sacos plásticos e outros mais), borracha (que de pneus se faz asfalto) e isopor, que poucos sabem da sua reciclagem.

Que recipiente amarelo é usado para receber metal, como tampas, ferragens, latas, canos e fios (possuem cobre em seu interior), pregos e parafusos, panelas (sem cabo), papel alumínio, etc.

Que recipiente azul é usado para receber papel, papelão, jornais e revistas, folhas de caderno, envelopes, cartolinas, impressos, listas telefônicas, embalagens longa-vida, etc.

Que recipiente marrom é para receber vasilhames com óleo de cozinha usado, para fazer sabão, por exemplo.

Que recipiente cinza, encontrado em alguns lugares, é para receber pilhas e baterias gastas; e, numa loja de construção, havia visto uma caixa especial para deixar lâmpadas de todos os tipos e sonhava encontrar um dia local de descarte de eletroeletrônicos e chapas de raio X".

E por fim o recipiente verde! Repetindo mais alto: "Verde! Que é usado para receber vidro (garrafas, potes, copos, frascos, pratos e cacos)".

A Rosa não se ateve na harmonia rompida e mesmo vendo a Laura inerte, sentada no chão e a Vera chorando, concluiu não serem as cores simples enfeites, mas indicadores da pré-seleção dos descartes de resíduos e aparas dizendo: "se você continuar jogando o lixo que não é lixo em qualquer lugar, vai continuar sendo igual a toda esta gente sem consciência que está destruindo tudo. Mude PRA MELHOR tendo uma nova atitude pela conservação do nosso futuro!".

A ouvinte atenta para de chorar, levanta a cabeça e, sorrindo, abraça a amiga e agradece a lição, dizendo: "ou tomamos as rédeas da ação por bem, ou vamos sofrer horrores nas necessidades".

Impressão e acabamento
Imprensa da Fé